AF312302

COLLECTION

DE

M. LE COMTE DE R...

TABLEAUX
ANCIENS

PREMIÈRE PARTIE

Paris — 1905

COLLECTION

DE FEU

M. LE COMTE DE R...

———

TABLEAUX ANCIENS

———

PREMIÈRE PARTIE

CONDITIONS DE LA VENTE

Elle sera faite au comptant.

Les acquéreurs payeront *dix pour cent* en sus des prix d'adjudication.

Paris. — Imp. Georges Petit, 12, rue Godot-de-Mauroi — 15405-04.

CATALOGUE

DES

TABLEAUX ANCIENS

PAR

BEAUBRUN, BONINGTON (R. P.), BOTH (ANDRÉ)
BRAKENBURG, CHAMPAGNE (PH. DE), EISEN, FABRICIUS
FRANCK, GILLOT, HEEM (DE)
JEAURAT, KEYSER (N. DE), KNELLER, LEFEBVRE, LÉPICIÉ, MAAS (N.)
MIGNARD, NATTIER, OUDRY, PORBUS, TOURNIÈRES
WATTEAU (DE LILLE), ETC.

ET DES

Ecoles Allemande, Espagnole, Française et Hollandaise

Des XVIe, XVIIe et XVIIIe siècles

GOUACHES, MINIATURES, SCULPTURES

COMPOSANT LA PREMIÈRE PARTIE DE LA

Collection de feu M. le Comte de R...

ET DONT LA VENTE AURA LIEU

HOTEL DROUOT, Salle N° 6

Le Samedi 13 Mai 1905

à 2 heures

COMMISSAIRE-PRISEUR	PEINTRE-EXPERT PRÈS LE TRIBUNAL CIVIL
Me LAIR-DUBREUIL	**M. GEORGES SORTAIS**
6, rue de Hanovre, 6	4, rue Mogador, 4

EXPOSITION PUBLIQUE

Le Vendredi 12 Mai 1905, de 2 heures à 6 heures

TABLEAUX

BASSAN (Jacob da Ponte, dit le)

1 — *Jésus et Marie de Magdala.*

> Tandis que Jésus est assis à table, Madeleine, près de lui inclinée, vient de répandre des parfums sur ses pieds.

> Toile. Haut., 80 cent.; larg., 1 m. 09.

BEAUBRUN

2 — *Anne-Geneviève de Bourbon, duchesse de Longueville, en Pallas.*

> Toile. Haut., 1 m. 25 ; larg., 95 cent.

BERGHEM (École de Nicolas)

3 — *Chèvres et Bœufs à l'abreuvoir.*

> Signé en bas, vers la gauche : *N. Bergheim.*

> Panneau. Haut., 38 cent.; larg., 45 cent.

BLOOMEN (Van)

4 — *Le Maréchal-ferrant.*

> Toile. Haut., 38 cent.; larg., 49 cent.

BONINGTON (R. P.)
(D'après Van Dyck)

5 — *Henriette de France, reine d'Angleterre.*

Toile. Haut., 63 cent.; larg., 51 cent.

BOTH (André)
(Utrecht, 1610-1655)

6 — *Fête villageoise.*

Dans une cour d'auberge, aux accents de violes et de basses qui grincent sous l'archet, une maritorne, le visage en partie caché par un masque, danse avec un grotesque : un chien se mêle à leurs ébats. Autour du groupe, des buveurs entonnent le cantique des brutales ivresses. Dans le coin à droite, un individu a roulé à terre, sous l'effet des libations.

Toile. Haut., 57 cent. ; larg., 81 cent.

BOTH (André)

7 — *Les Bateleurs à la foire.*

Toile. Haut., 56 cent.; larg., 78 cent.

BRAKENBURG

8 — *La Dispute des commères.*

Toile. Haut., 50 cent.; larg., 62 cent.

BRAUWER (École d'Adrien)

9 — *Le Buveur.*

Panneau. Haut., 22 cent.; larg., 18 cent.

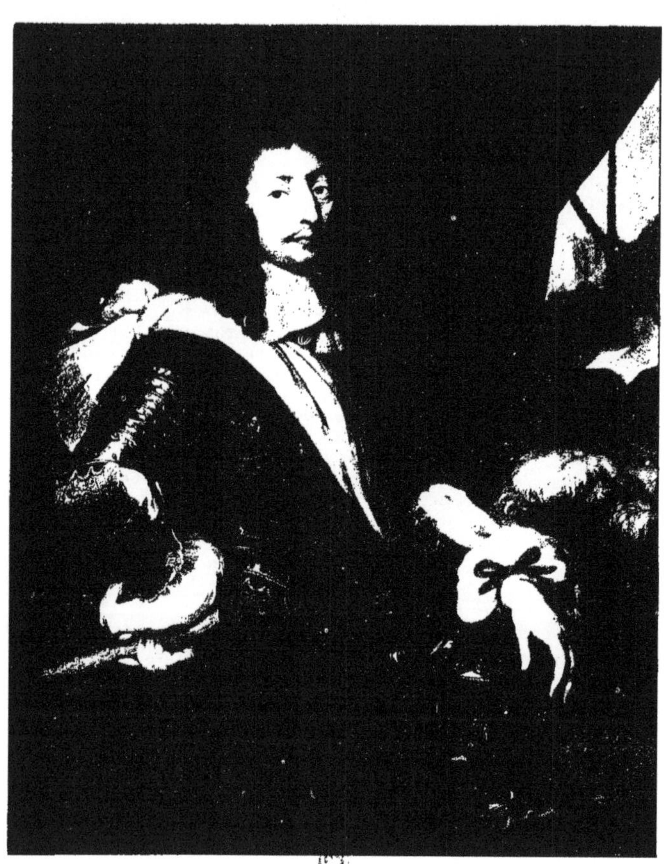

Nº 13.

BREUGHEL, dit de VELOURS
(École de)

10 — *L'Été et l'Hiver en Hollande.*

> Deux panneaux de forme ronde pouvant être attribués à Feuquières.

> Haut., 36 cent.; larg., 36 cent.

CALVAR (Denis)

11 — *L'Adoration des bergers.*

> Panneau. Haut., 53 cent.; larg., 70 cent.

CHAMPAGNE (Philippe de)

12 — *Portrait de l'abbé Claude Fleury, académicien, précepteur de plusieurs enfants de France (1640-1723).*

> Il est représenté presque de face, vers la droite, vu à mi-corps; il porte la robe de théologien.

> Toile de forme ovale.

> Haut., 72 cent.; larg., 58 cent.

CHAMPAGNE
(École de Philippe de)

13 — *Le Grand Condé.*

> Il est vu jusqu'à mi-jambes, de trois quarts à droite, tenant de la main droite appuyée, renversée contre la hanche, son bâton de commandement; le bras gauche à demi-ployé s'appuye sur un casque à cimier placé sur une console.

> Toile. Haut., 1 m. 17; larg., 92 cent.

COCHIN (École de)

14 — *Allégorie commémorative.*

Toile. Haut., 72 cent.; larg., 43 cent.

COCHIN (École de)

15 — *Allégorie commémorative à la mémoire du Roi.*

Toile. Haut., 73 cent.; larg., 43 cent.

COYPEL (École de)

16 — *Moïse sauvé des eaux.*

Toile. Haut., 1 m. 04; larg., 1m. 34.

COYPEL (École de)

17 — *Le Sommeil d'Endymion.*

Toile. Haut., 1 m. 03; larg., 76 cent.

COYPEL (Antoine)

18 — *Le Sommeil d'Endymion.*

Toile. Haut., 80 cent.; larg., 68 cent.

DETROY (École de)

19 — *Portrait d'une femme de qualité.*

Toile. Haut., 95 cent.; larg., 66 cent. 1/2.

DROUAIS (École de)

20 — *Portrait du duc de Bourbon-Penthièvre.*

Toile de forme ovale.

Haut., 73 cent.; larg., 56 cent.

DROUAIS (École de)

21 — *Portrait du duc de Bourbon-Penthièvre.*

Toile de forme ovale.

Haut., 73 cent.; larg., 56 cent.

ÉCOLE ALLEMANDE
(Commencement du XVIe siècle)

22 — *Portrait d'homme.*

Il est vu jusqu'à la poitrine, la tête presque de face : on aperçoit son pourpoint de velours noir dan l'écartement de son mantel garni de fourrure. Il est coiffé d'une toque de velours noir à rabat-nuque. Une collerette de batiste à ruche blanche émerge du pourpoint. Sa moustache et sa barbiche sont blanches. La tête est épaissie par l'âge ; dans les joues grasses se creusent des sillons de rides. La lèvre inférieure dessine une lippe spirituellement ironique. Le nez est d'un bel accent volontaire ; les yeux bleus sont petits et pleins de malice.

Intéressante peinture, aux modelés souples.

Panneau. Haut., 42 cent.; larg., 52 cent.

ÉCOLE ALLEMANDE (XVIIe siècle)

23 — *L'Ivresse de Bacchus.*

Panneau. Haut., 55 cent.; larg., 70 cent.

ÉCOLE D'ANVERS (XVIIe siècle)

24 — *Scène de guerre civile en Hollande; effet de
    neige.*

Cadre en bois sculpté.

Panneau. Haut., 52 cent.; larg., 82 cent.

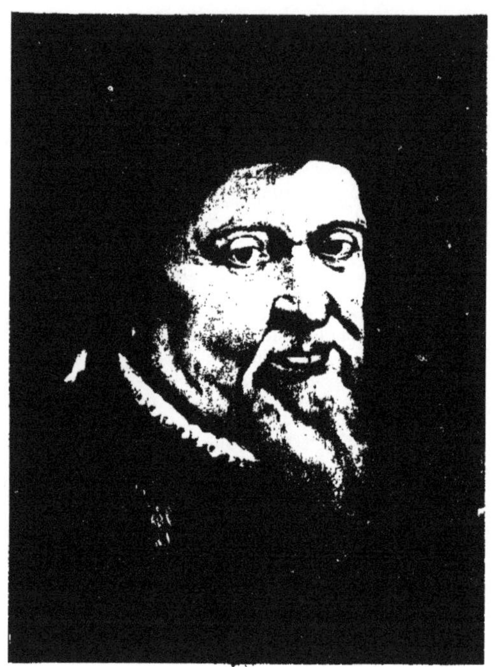

N° 22

ÉCOLE ESPAGNOLE (XVIIᵉ siècle)

25 — *Portrait de femme.*

> Elle est vêtue de noir ; son corsage et sa robe ont une garniture de boutons de métal. Autour du cou, un collerette de gaze garnie de points coupés et relevée par des fils d'archal. De la main droite, le bras ployé, elle tient un éventail fermé : de la main gauche, le bras étendu, elle atteint un livre de prière à reliure de maroquin noir, placé sur une table couverte d'un tapis rouge. La tête est vue de face, le visage s'encadrant de cheveux brun roux, enroulés en rouleaux et agrémentés d'un bandeau rouge et de quelques fleurs. Aux oreilles pendent des boucles de perles.

> Toile. Haut., 1 m. 24 ; larg., 95 cent.

ÉCOLE FLAMANDE

26 — *Le Juif errant.*

> Panneau. Haut., 26 cent.; larg., 19 cent.

ÉCOLE FLAMANDE

27 — *Le Jardinier.*

> Panneau. Haut., 26 cent. ; larg., 19 cent.

ÉCOLE FLAMANDE

28 — *Saint Bruno distribue son bien aux pauvres.*

> Toile. Haut., 65 cent. ; larg., 1 m. 06.

ÉCOLE FRANÇAISE

29 — *Michel-René-Jullien Saussier de la Boderie, juge en 1763 et conseiller à l'Hôtel de Ville en 1765.*

> Toile. Haut., 79 cent.; larg., 62 cent.

ÉCOLE FRANÇAISE

30 — *Marie-Anne-Christine-Victoire de Bavière,
épouse du Grand Dauphin, duc de Bour-
gogne.*

Provenant de la collection de l'amiral Dervillet.
Toile de forme ovale.

Haut., 74 cent.; larg., 58 cent.

ÉCOLE FRANÇAISE

31 — *Portrait du comte de Provence.*

Toile de forme ovale.

Haut., 74 cent.; larg., 59 cent.

ÉCOLE FRANÇAISE

32 — *Vénus rend ses flèches à l'Amour.*

Toile. Haut., 82 cent.; larg., 1 m. 08.

ÉCOLE FRANÇAISE (XVIIe siècle)

33 — *Portrait de Denis Papin.*

Blois, 1647; Marbourg, 1714.
Portrait de 1708, à l'âge de 61 ans.

Toile. Haut., 74 cent.; larg., 59 cent.

ÉCOLE FRANÇAISE (XVIIe siècle)

34 — *Le Maréchal de Villeroi.*

Toile. Haut., 1 m. 10; larg., 80 cent.

ÉCOLE FRANÇAISE (XVII° siècle)

35 — *Portrait de Claude de Mouchy.*

« Portrait peint à la mémoire de Claude de Mouchy, fils
de Charles de Mouchy, marquis d'Hocquaincourt, maréchal
de France, tué le 12 février 1652 à l'entrée du faubourg
Bressigny, à Angers. »

Toile. Haut., 72 cent.; larg., 58 cent.

ÉCOLE FRANÇAISE (XVIII° siècle)

36 — *Portrait d'une femme de qualité.*

Elle est vue jusqu'à mi-corps, la tête de face. Un costume
gris la revêt; le corsage est décolleté; un manteau rouge
flotte derrière l'épaule gauche, et est retenu devant par le
bras droit. La main gauche soutient de l'index quelques
tiges fleuries. De la chevelure poudrée s'échappe une natte
qui vient jouer sur l'épaule droite.

Cadre en bois sculpté.

Toile. Haut., 81 cent.; larg., 63 cent.

ÉCOLE FRANÇAISE (XVIII° siècle)

37 — *Les Patineurs.*

Toile. Haut., 1 m.; larg., 1 m. 30.

ÉCOLE FRANÇAISE (XVIII° siècle)

38 — *Maurice de Saxe.*

Cadre en bois sculpté.

Toile. Haut., 80 cent.; larg., 62 cent.

ÉCOLE FRANÇAISE (XVIII° siècle)

39 — *Les Vendanges.*

Panneau décoratif.

Toile. Haut., 61 cent.; larg., 70 cent.

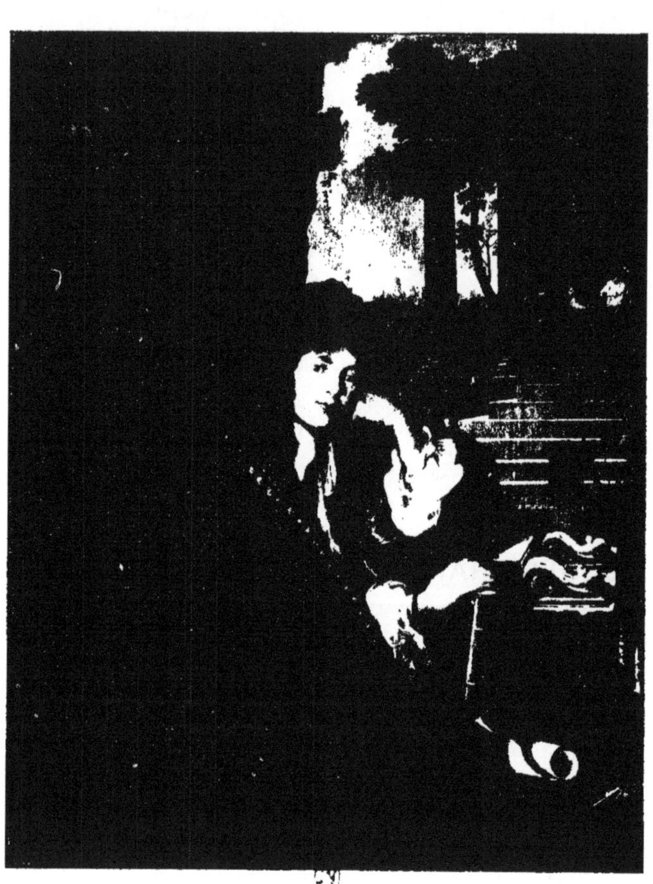

N.º 42.

ÉCOLE FRANÇAISE (XVIIIe siècle)

40 — *Portrait d'homme.*

Toile. Haut., 96 cent.; larg., 85 cent.

ÉCOLE FRANÇAISE (XVIIIe siècle)

41 — *L'Idylle.*

Toile. Haut., 65 cent.; larg., 51 cent.

ÉCOLE HOLLANDAISE (XVIIe siècle)

42 — *Portrait du peintre Masaccio.*

Assis et accoudé sur un entablement architectural, le bras gauche accoudé sur un livre qu'il retient de la main droite, l'artiste médite, les cheveux épars, un grand manteau rouge à boutons d'or jeté sur les épaules : dans le fond, à droite, des personnages causent sur un péristyle à colonnade se détachant sur un paysage.

Signé d'un monogramme, en bas, à gauche : *A. D. V. O.*
Très intéressante paysage, d'un grand caractère.

Toile. Haut., 1 m. 59; larg., 1 m. 30.

ÉCOLE HOLLANDAISE (XVIIe siècle)

43 — *L'Étable aux moutons.*

Panneau. Haut., 38 cent.; larg., 48 cent.

ÉCOLE HOLLANDAISE (XVIIe siècle)

QUATRE PANNEAUX

44 — 1° *Les Perdrix.*

Deux panneaux.

2° *Les Perdrix.*

Deux panneaux.

Toiles. Haut., 48 cent.; larg., 36 cent.

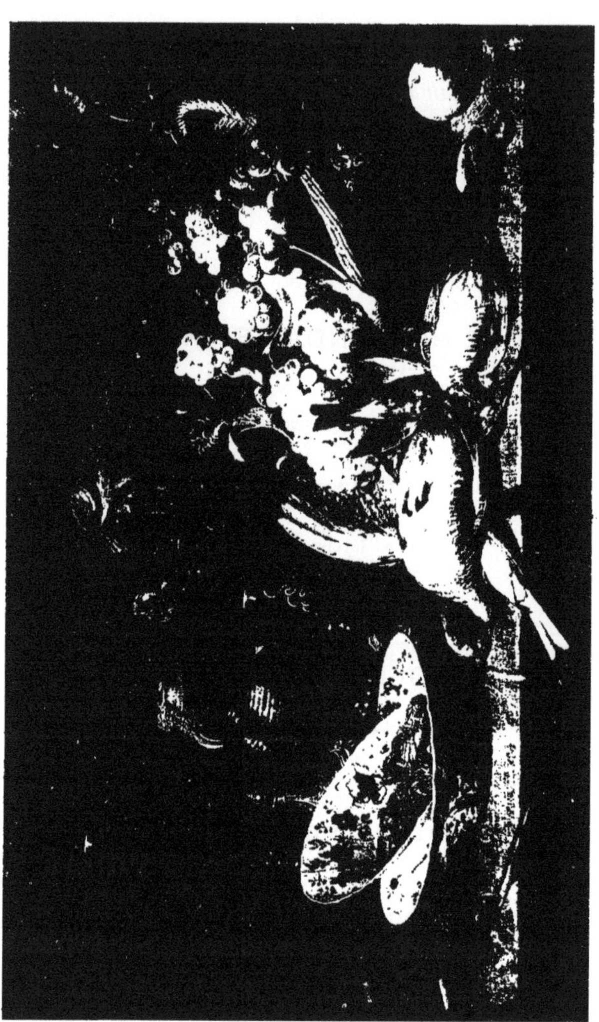

ÉCOLE VÉNITIENNE

45 — *Les Joutes, à Venise.*

> Panneau. Haut., 34 cent.; larg., 43 cent.

EISEN le père

(1768)

46 — *L'Oiseau gâté.*

> Signé et daté en bas, à gauche.
> Cadre en bois sculpté.

> Panneau. Haut., 22 cent.; larg., 17 cent. 1 2.

FABRITIUS

47 — *Portrait d'un bourgmestre de Delft.*

> Il est debout, de face, vu jusqu'à mi-jambes, vêtu de noir,
> la main gauche renversée à la hanche, le bras droit pendant
> naturellement, la main tenant le chapeau. La collerette et les
> rebras en batiste blanche garnie de dentelles.

> Panneau. Haut., 1 m. 14; larg., 81 cent.

FRAGONARD (École de)

48 — *Le Maître à danser.*

> Toile. Haut., 58 cent.; larg., 48 cent.

FRANCK le jeune

49 — *Les Saints devant le Sauveur du monde.*

> Peinture sur cuivre.

> Haut., 29 cent.; larg., 40 cent.

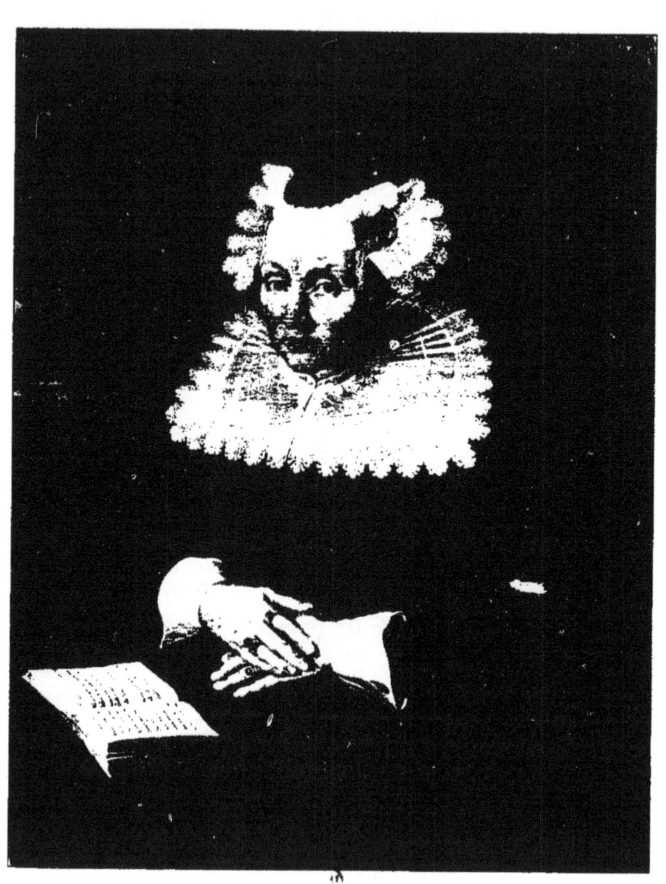

N.º 50.

GÉRARD (D'après Mlle Marguerite)

50 — *L'Enfant chéri.*

> Répétition du temps.

> Toile. Haut., 54 cent.; larg., 64 cent.

GILLOT

51 — *Le Jeu de la bascule.*

> Toile. Haut., 66 cent.; larg., 54 cent.

GIORDANO (Attribué à)

52 — *Cléopâtre.*

> Toile de forme ovale.

> Haut., 80 cent.; larg., 60 cent.

GREUZE (D'après)

53 — *Portrait de la marquise de Porcin.*

> Toile de forme ovale.

> Haut., 72 cent.; larg., 58 cent.

GRIMOUX (D'après)

54 — *Portrait de Mme de Beaurepaire.*

> Cadre en bois sculpté.

HEEM (Corneille de)

55 — *Sur une table de cuisine.*

> Sur le bois de la table, le peintre a disposé des perdreaux morts, un panier de raisins, des prunelles, des pommes, des écrevisses, dans des jattes de faïence; un couteau, un verre, une fiole de cristal, une cruche de grès à couvercle de métal.

> Toile. Haut., 62 cent.; larg., 1 m. 02.

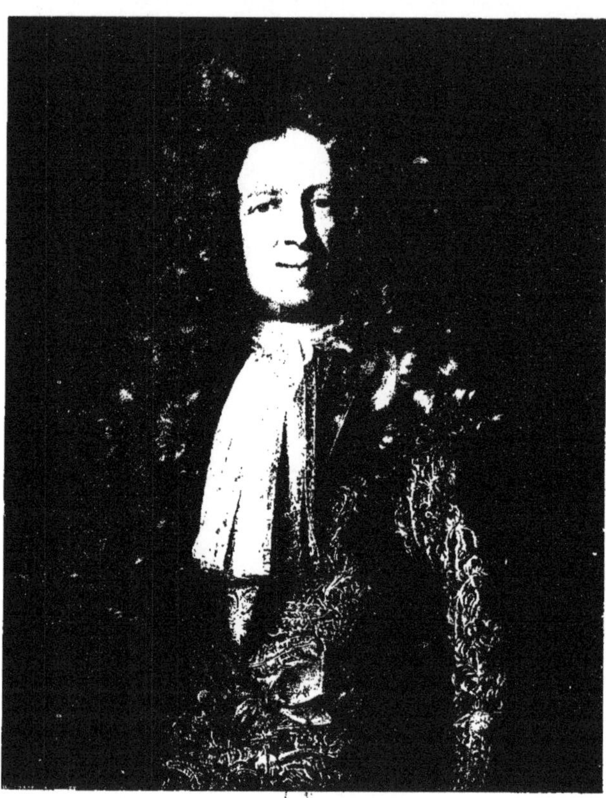

Nº 62.

HIRE (Laurent de la)

56 — *L'Adoration des bergers.*

Toile. Haut., 46 cent.; larg., 68 cent.

JEAURAT (Étienne)

(1699-1789)

57 — *Le Rat.*

Devant une maison, une jeune femme costumée de rose
fuit, effrayée devant un rat qu'une servante pourchasse d'un
balai. A gauche, un paysan arrête du pied le rongeur.
A droite, un vieillard assis tenant une béquille, ainsi qu'un
groupe de personnages postés derrière lui, regardent la scène.

Toile. Haut., 59 cent.; larg., 72 cent.

JOUVENET (Attribué à)

58 — *Portrait d'homme.*

Toile. Haut., 80 cent.; larg., 62 cent.

KEYSER (Nicaisius de)

59 — *Portrait d'une dame hollandaise en prière.*

Debout, vêtue de noir, avec une collerette garnie de points
coupés, des rebras de batiste blanche, et une coiffe de velours
noir garnie de dentelles blanches.
Elle a les mains croisées l'une sur l'autre, sur l'abdomen.
Les doigts portent trois bagues. Devant elle, sur un prie-
Dieu, son livre de prières est ouvert. A gauche, sur le socle
d'une colonne, on lit : *Ætatis suæ 55. Anno 1642.*

Au-dessous, on lit le monogramme du peintre.

Peinture rappelant l'exécution blonde de Rembrandt.

Œuvre de toute rareté.

Toile. Haut., 98 cent.; larg., 76 cent.

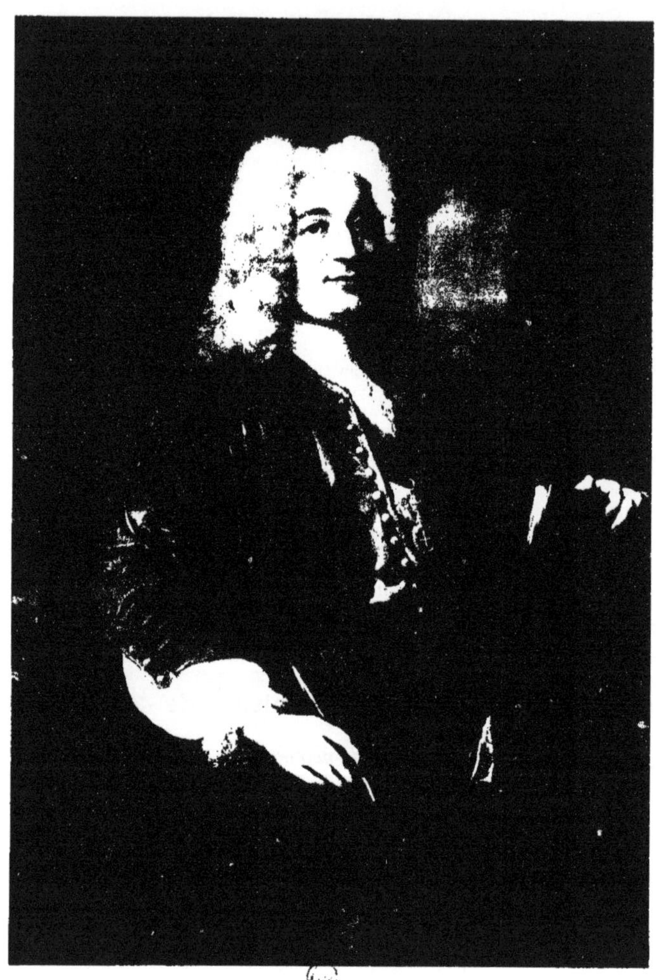

N.º 63.

KNELLER (Godfried)

60 — *Portrait d'homme.*

Il porte perruque et est enveloppé de draperies roses, lie de vin et brunes.

Toile de forme ovale.

Haut., 71 cent.; larg., 57 cent.

LANCRET (D'après Nicolas)

61   *Le Valet galant.*

Copie ancienne.

Toile. Haut., 41 cent.; larg., 36 cent.

LARGILLIÈRE (École de Nicolas)

62 — *Portrait présumé de Balthazar Keller, commissaire général d'artillerie, 1707.*

Il est debout, de face, en habit de velours noir brodé d'or avec revers de pourpre. Il porte la Toison d'Or. Une cravate à barbe de dentelle tombe sur son gilet. Il est coiffé de la haute perruque à boucles légèrement poudrées. Le visage est expressif, les joues marquées de quelques rides, les yeux bleus.

Toile. Haut., 82 cent.; larg., 66 cent.

LEFEBVRE

63 — *Lefebvre, directeur de l'Académie de peinture, en 1690.*

Il est représenté assis, dans un décor de paysage; il est vêtu d'un habit marron et porte la perruque à cascade.

Sur un album, qu'il soulève de la main gauche, on lit : *J.-B. Lefebure pinxit. Avril 1724.*

Toile. Haut., 1 m. 25; larg., 89 cent.

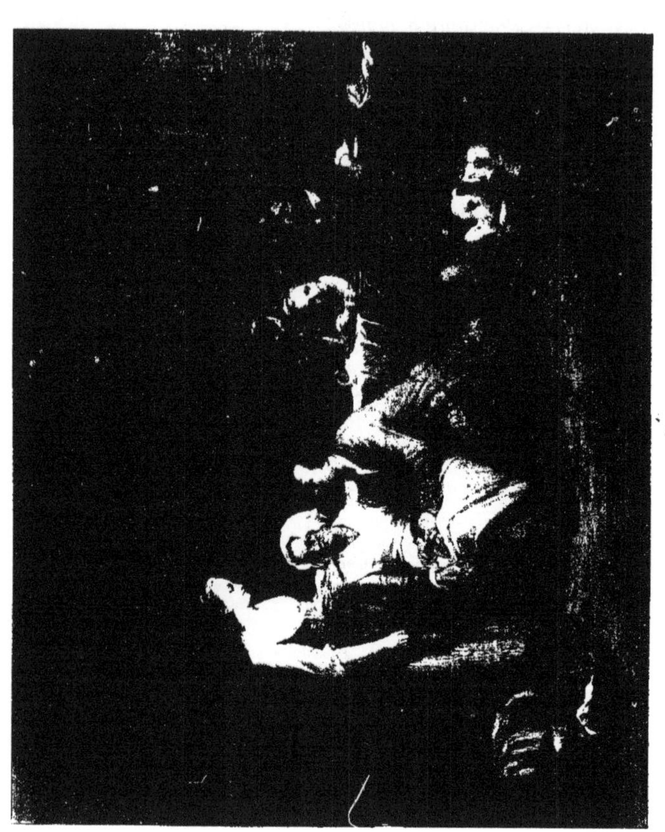

LELY
(École de Pater Faes, dit le Chevalier)

64 — *Portrait de la duchesse de La Vallière.*

Toile. Haut., 1 m. 15 ; larg., 86 cent.

LEMOYNE (École de J.-B.)

65 — *La Vierge et l'Enfant Jésus.*

Toile. Haut., 88 cent. ; larg., 68 cent.

LÉPICIÉ (Nicolas-Bernard)

66 — *La Demande en mariage.*

Un intérieur rustique, la jeune fille et le galant demandent à la mère, hésitante, un consentement qu'elle va donner, tandis que les autres membres de la famille assistent, graves, mais heureux, à cette heure d'affectueuse intimité. A droite, aux premiers plans, un gamin joue avec un chien.

Toile. Haut., 53 cent. ; larg., 64 cent.

LOUTHERBOURG (?)

67 — *La Charrette.*

Toile. Haut., 56 cent. ; larg., 45 cent.

LUCATELLI

68 — *Le Repos dans la campagne.*

Panneau. Haut., 32 cent. ; larg., 40 cent.

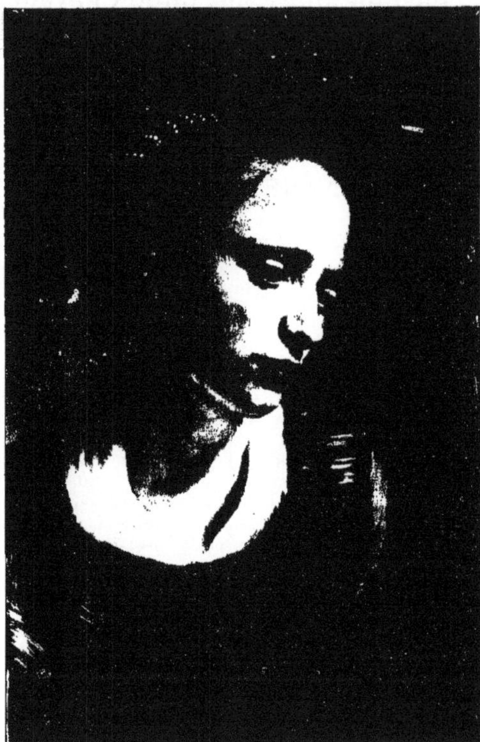

N° 69.

MAAS (Nicolas)

69 — *Portrait de femme.*

La tête de trois quarts vers la droite, légèrement décolletée, vêtue d'une draperie brune.

Exécution franche et large, aux colorations puissantes.

Bois. Haut., 52 cent. ; larg., 35 cent.

MEER DE HARLEM
(École de Van der)

70 — *Le Coup de l'étrier, au camp.*

Panneau. Haut., 60 cent.; larg., 81 cent.

MIEREVELT (Michel-Jansz)

71 — *Portrait de la femme du bourgmestre de Delft.*

Elle est vue à mi-corps, de trois quarts à gauche, vêtue d'un costume noir bordé de fourrures ; sa tête aux rides accentuées porte sur une fraise de batiste à tuyautés rigides. Son front, où s'indique la calvitie, est encadré d'une coiffe en batiste blanche dont le bord, garni de dentelles, est soutenu par des fils d'archal. A droite, en haut, un écusson portant trois feuilles de trèfle à trois pétales.

On lit à droite, vers le milieu : *Aetatis 78. Anno 1632.*

Panneau. Haut., 66 cent. ; larg., 52 cent.

MIGNARD (Nicolas)

72 — *Turenne.*

Il est représenté debout, en armure, la tête tournée de trois quarts à droite. La main gauche est appuyée, renversée, à la hanche; et la main droite a son bâton de commandement fleurdelisé qui pose sur une table. Au fond, à droite, un camp d'armée.

Toile. Haut., 1 m. 30 ; larg., 97 cent.

N° 71.

MYTENS

73 — *Portrait de femme âgée.*

Elle est vue jusqu'à la poitrine ; les épaules couvertes par une double collerette rabattue, en batiste empesée.

Ses cheveux gris, qui tombent naturellement, encadrent son visage ridé. Un calepin de velours noir protège le sommet du crâne.

Toile. Haut., 45 cent.; larg., 35 cent.

NATTIER (Jean-Marc)

74 — *Portrait de Charlotte de Hesse, princesse de Condé, duchesse de Bourbon.*

Elle est assise, en costume de velours tabac, le manteau royal bleu, doublé d'hermine, jeté négligemment derrière elle. Une guimpe blanche apparaît dans l'échancrure du corsage. Une mantille jaune s'attache légèrement aux cheveux blond cendré. La main gauche s'appuie à l'accoudoir du fauteuil, l'index soulignant une parole dite, tandis que la main droite retient, près de la hanche, un petit chien au col portant un ruban rouge.

Les mains et les accessoires ont été terminés par un élève du maître.

Toile. Haut., 1 m. 12; larg., 96 cent.

NATTIER (École de)

75 — *Portrait d'une princesse, au temps de la Régence.*

Toile de forme ovale.

Haut., 71 cent.; larg., 57 cent.

NATOIRE (Attribué à)

76 — *L'Amour.*

Cadre en bois sculpté.
Toile de forme ovale.

Haut., 54 cent.; larg., 46 cent.

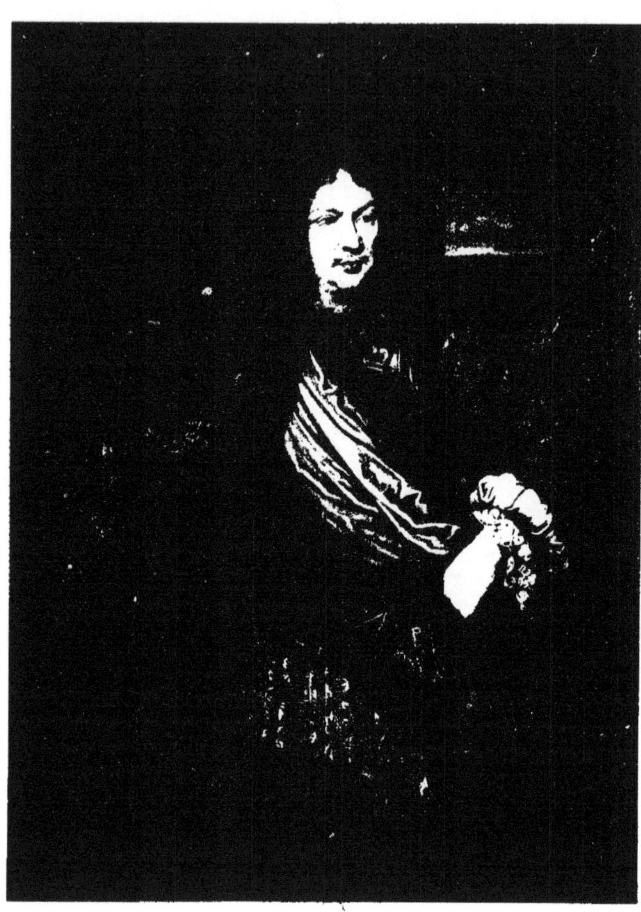

Nº 72.

NOCRET (Jean)

77 — *Portrait d'homme.*

Toile de forme ovale.

Haut., 81 cent.; larg., 65 cent.

OSTADE (École de Van)

78 — *Les Fumeurs.*

Panneau. Haut., 38 cent.; larg., 46 cent.

OUDRY (J.-B.)

79 — *Lévrier de profil à gauche.*

Signé à gauche, en bas : *J. B. Oudry.*

Toile. Haut., 41 cent.; larg., 51 cent.

OUDRY (J.-B.)

80 — *La Leçon maternelle.*

Près d'une souricière dans laquelle une souris est prisonnière, une chatte qui a déjà laissé sur le sol une victime, guette l'instant où sa griffe frappera la petite bête affolée. Devant elle, du balcon que forme un rebord d'un panier, trois petits chats assistent à la bataille, assez inquiets eux-mêmes de ce sport qu'ils ignorent encore. Au premier plan, un ruban bleu dénoué passe sous une jatte de lait. Contre le mur, une clef est accrochée.

Toile. Haut., 60 cent.; larg., 1 m. 01.

PALAMÈDES (Stevens)

81 — *La Collation.*

Panneau. Haut., 30 cent.; larg., 41 cent.

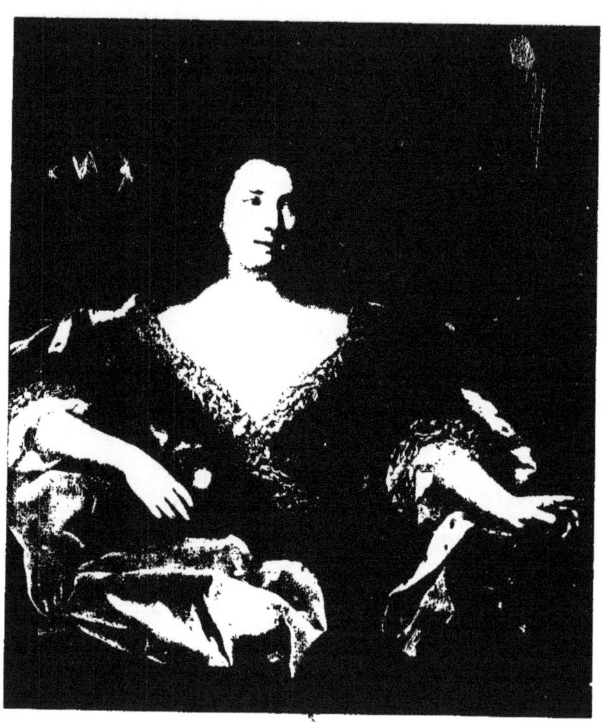

N.º 74.

PATER (École de)

82 — *L'Aubade de Pierrot.*

Mezzetin et personnages de la comédie italienne.

Panneau. Haut., 41 cent.; larg., 32 cent.

PATER (École de)

83 — *Concert dans un parc.*

Toile. Haut., 80 cent.; larg., 65 cent.

PATER (École de)

84 — *Réunion dans un parc : la Romance.*

Toile. Haut., 53 cent.; larg., 63 cent.

PETERS (Bonaventure)

85 — *Les Frégates en mer.*

Toile. Haut., 38 cent.; larg., 64 cent.

PIAZETTA

86 — *La Becquée aux oiseaux.*

Toile. Haut., 72 cent.; larg., 57 cent.

POEL (École de Van der)

87 — *L'Incendie.*

Signé du monogramme : C. V. B.

Toile. Haut., 30 cent.; larg., 48 cent.

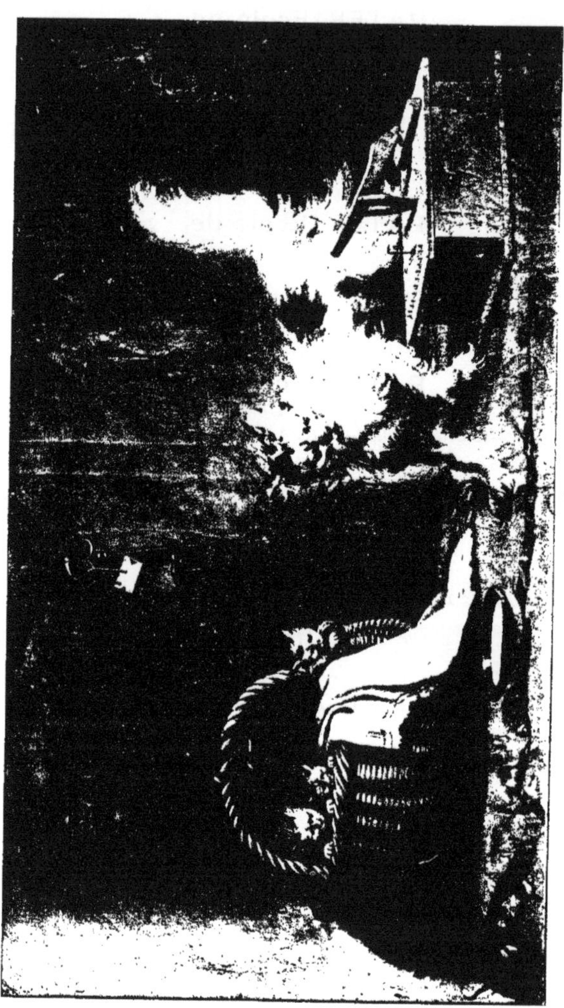

PORBUS (François)

88 — *Portrait d'homme.*

Il est vu jusqu'à la poitrine, en pourpoint de velours noir à boutons de métal et manteau à parements de fourrure. Une fraise de batiste blanche à tuyautés rigides enserre son col. Il a les cheveux roux, ainsi que la barbe, qui est taillée en pointe. Le teint est vif, les trait ont de l'accent, les yeux sont bleus.

Cette peinture a souffert.

Panneau. Haut., 42 cent.; larg., 33 cent.

RANC

89 — *Portrait de Louis XIV en armure.*

Toile. Haut., 53 cent.; larg., 58 cent.

REMBRANDT VAN RYN (École de)

90 — *L'Heure du repos.*

Deux voyageurs: l'un, à demi nu, appuyé à un arbre, dort profondément; l'autre, harrassé par la fatigue, est couché à plat ventre sur une pierre; à gauche, une cruche et un panier sont posés à terre sous la garde d'un chien. Au second plan, une chaumière; à gauche, dans le fond, un paysan sème du blé dans un champ derrière lequel se dressent une chaumière et des arbres se détachant sur un ciel nuageux.

En bas, à droite, un monogramme : *J.-M., 1647.*

Panneau. Haut., 38 cent.; larg., 63 cent.

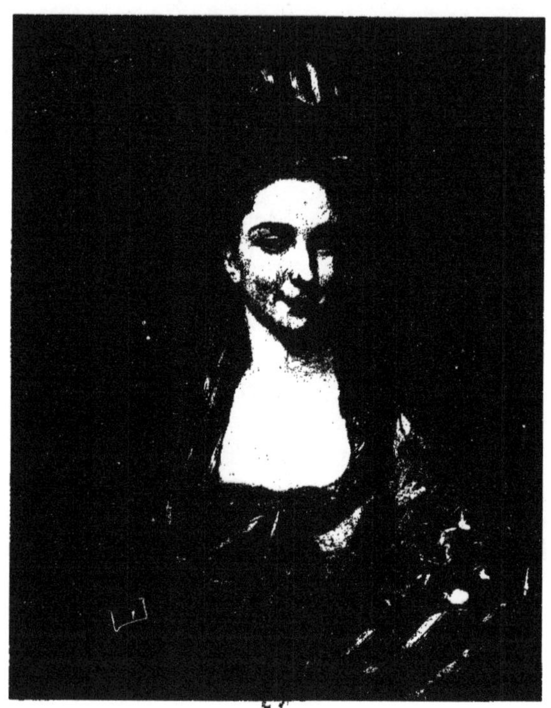

N.º 91.

REYNOLDS
(Attribué à Sir Joshua)

91 — *La Marquise de Boufflers (Marie-Thérèse-Catherine de Beauvau-Craon, morte en 1787).*

Elle est vue jusqu'à mi-corps, assise, en costume bleu-paon, dont les tons éteints apparaissent dans l'arrangement de mousseline blanche qui bouillonne aux manches. Le corsage est décolleté en carré et garni de gaze de soie blanche. Une écharpe formant un nœud au sommet de la coiffure descend derrière la tête et vient jouer sur la poitrine devant l'épaule droite.

Toile. Haut., 72 cent. ; larg., 58 cent.

RIGAUD (École de Hyacinthe)

92 — *Portrait de J.-B. Becdelièvre.*

Chevalier, marquis de Becdelièvre, président de la Cour des Comptes de Bretagne (époux de dame Renée de Sesmaisons .

Assis, en camail d'hermine, le corps de face, la tête tournée de trois quarts à gauche : le visage, d'un ton animé, s'encadre des boucles de la haute perruque dite des procureurs : la main droite, le bras ployé, joue avec les plis de sa toge : le bras gauche pend naturellement. A droite, en haut, les armoiries.

Toile. Haut., 96 cent.; larg., 77 cent.

RIGAUD (D'après Hyacinthe)

93 — *Le Cardinal Fleury.*

Toile. Haut., 80 cent.; larg., 63 cent.

RUBENS (École de)

94 — *Offrande au temple de la Paix.*

Peinture sur cuivre.

Haut., 48 cent.; larg., 40 cent.

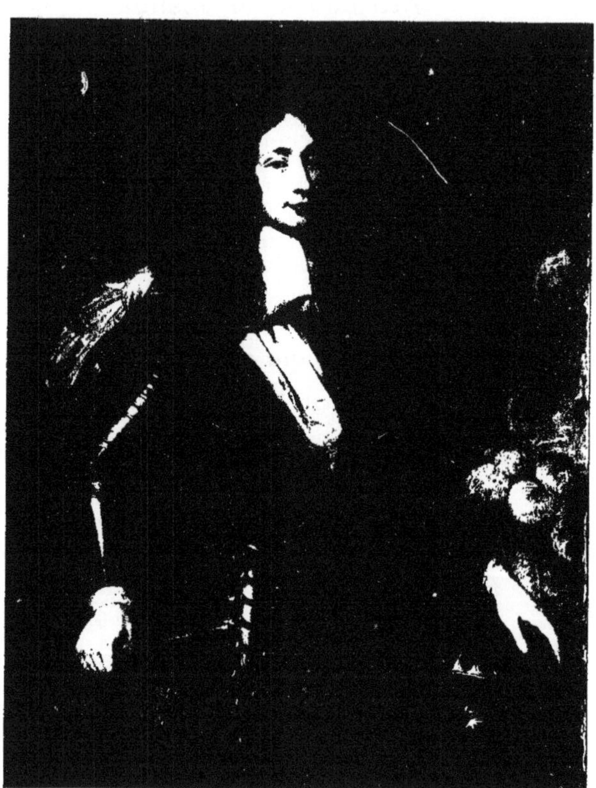

N.º 99.

RUYSDAEL (École de Jacques)

95 — *La Ferme à l'entrée du bois.*

> Panneau. Haut., 28 cent. ; larg., 37 cent.

SALVATOR ROSA

96 — *Combat de cavalerie au temps des Croisés.*

> Toile. Haut., 66 cent.; larg., 54 cent.

SANTERRE (École de)

97 — *La Jeune fille au masque.*

> Toile de forme ovale.
>
> Haut., 63 cent.; larg., 49 cent.

SANTERRE (École de)

98 — *Portrait de femme.*

> Vue jusqu'à mi-corps : son costume rouge apparait sous un manteau bleu foncé ; une écharpe brune couvre en partie ses cheveux blonds et flotte sur les épaules. De sa main droite elle tourne les feuillets d'un livre ouvert posé sur un pupitre. L'ovale du visage est agréable. Les joues sont roses, les yeux bleus.
>
> Toile. Haut., 71 cent. 1/2; larg., 58 cent.

SÈVE (De)

99 — *Portrait d'un prince du sang.*

> Il est en armure, la main gauche sur son casque, la main droite tenant un bâton de commandement. Il est vu jusqu'à mi-jambes, de trois quarts à droite.
>
> Toile. Haut., 1 m. 10; larg., 86 cent.

STEENWYCK

100 — *Vue de la nef centrale de la cathédrale d'An-
vers.*

> Un cortège funèbre passe dans la nef pour gagner les
> bas-côtés.

Toile. Haut., 73 cent.; larg., 98 cent.

STELLA

101 — *La Naissance de Virgile.*

Toile. Haut., 93 cent; larg., 1 m. 34.

SWEBACH (École de)

102 — *Cavaliers et amazones.*

Panneau. Haut., 22 cent.; larg., 31 cent.

TENIERS (École de David)

103 — *Le Joyeux buveur.*

Toile. Haut., 26 cent.; larg., 19 cent.

TENIERS (Atelier de David)

104 — *Les Quatre Saisons.*

TOCQUÉ (École de)

105 — *Portrait d'un jeune abbé.*

Toile. Haut., 78 cent.; larg., 61 cent.

TOCQUÉ (École de)

106 — *Portrait de Grimod de la Reynière.*

Toile. Haut., 65 cent.; larg., 52 cent.

TOURNIÈRES (Levrac dit Robert)

107 — *Portrait d'un maréchal de France.*

Toile de forme ovale.

Haut., 73 cent.; larg., 58 cent.

TOURNIÈRES (Levrac dit Robert)

108 — *Portrait du commandeur de Livois.*

Il est vu debout, jusqu'à mi-corps, en habit marron; un manteau lilas joue sur l'épaule droite, retenu au devant de la poitrine de la main droite. Le personnage porte les insignes de l'ordre du Saint-Esprit. Il est coiffé de la petite perruque poudrée; la tête est presque de face.

Toile. Haut., 80 cent.; larg., 63 cent.

UCHTERWELT (Jacques)

109 — *L'Étal du boucher.*

Toile. Haut., 48 cent.; larg., 35 cent.

UCHTERWELT (Jacques)

110 — *Le Satyre et le paysan.*

Toile. Haut., 48 cent.; larg., 35 cent.

VAN DYCK et SNEYDERS
(D'après)

111 — *Une Fille de Charles Ier.*

Copie ancienne par un maître anglais.

Panneau. Haut., 40 cent.; larg., 53 cent.

VANLOO (Attribué à Carle)

112 — *Marie Leckzinska.*

Assise, vue jusqu'aux genoux et de face : elle est vêtue de blanc, drapée à l'antique, avec une ceinture bleue. Elle retient sur son genou droit, de la main gauche, un livre entr'ouvert, relié de maroquin rouge. La taille se développe plus que de coutume. D'après les documents, ce portrait aurait été exécuté lors de la première grossesse de Marie Leckzinska.

Toile. Haut., 1 m.; larg., 1 m. 81.

VANLOO (École de Carle)

113 — *Portrait d'une princesse en costume de vestale.*

Toile. Haut., 81 cent. ; larg., 64 cent.

VANLOO (École de Carle)

114 — *Portrait de Marie Leckzinska.*

Toile. Haut., 77 cent.; larg., 60 cent.

VANLOO (D'après Carle)

115 — *Portrait de la Marquise de Prie.*

Une jeune femme assise auprès d'un arbre, la tête légèrement inclinée, et vêtue d'un corsage de soie bleue décolleté, apprend à chanter à un oiseau qu'elle tient de la main droite.
Toile de forme ovale.

Haut., 83 cent.; larg., 65 cent.

VANLOO (D'après Carle)

116 — *Renaud et Armide.*

Toile. Haut., 1 m. 28 ; larg., 1 m. 96.

WATTEAU de Lille

117 — *La Visite à la ferme.*

Des femmes de qualité sont venues visiter la ferme ; les unes sont assises et causent avec la jeune fermière, tandis qu'une fillette en atours coquets se croit pour un jour fermière, en distribuant quelques grains aux poules. Le fermier contemple cette scène d'un œil attendri, tandis qu'au fond le berger fait rentrer à la ferme son troupeau de moutons.

Toile. Haut., 58 cent.; larg., 45 cent.

118 — *Mme de Napier, abbesse de l'abbaye royale de Saint-Jacques (1685-1712).*

Toile. Haut., 82 cent.; larg., 68 cent.

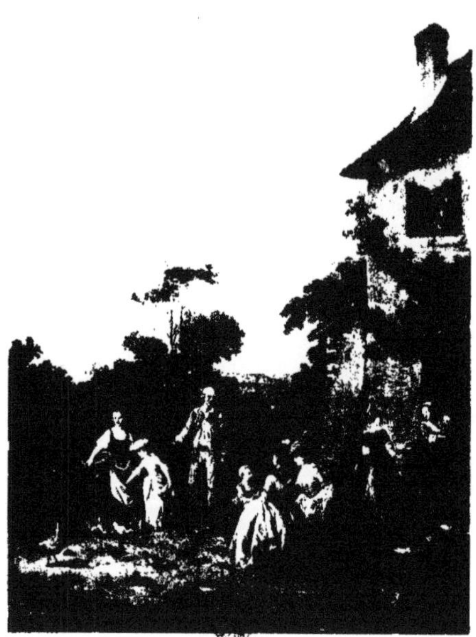

Nº 117.

GOUACHES
Miniatures, Sculptures

ANTOMAZZI

119 — *L'Éducation du Christ.*

D'après le Corrège.
Marqueterie de bois.
Signé à gauche, en bas : *Antomazzi Gaetano, Cremone.*

Haut., 76 cent.; larg., 51 cent.

BLARENBERGHE
(Attribué à Louis Van)

120 — *Combats de cavalerie.*

Deux gouaches de forme ronde à frise inférieure de sujets bachiques.

CAUDIÈRE

121 — *Le Nègre.*

Plat en faïence de Gille.

CAUDIÈRE

122 — *Tête d'homme*.

Plat en faïence.

DAVID D'ANGERS (R.)

123 — *Pêcheuse normande*.

Médaillon de bronze.
Daté : *Yport 1880*.

DESJARDINS (Attribué à)

124 — *Le roi Louis XIV*.

Médaillon en marbre de grandeur naturelle.

Haut., 70 cent.; larg., 58 cent.

ÉCOLE FRANÇAISE

125 — *Le Joueur de flûte. — Le Joueur de mandore. — La Lettre*.

Trois miniatures de forme ronde.

Haut., 7 cent. 1/2; larg., 7 cent.

ÉCOLE ITALIENNE

126 — *Sainte Famille*.

Bas-relief marbre xvie siècle, de forme hexagonale.

127 — *Sainte Thérèse.*

Gouache.

Haut., 22 cent.; larg., 17 cent.

128 — *Portrait d'Ignace de Loyola.*

Émail de Limoges.

Haut., 9 cent. 1/2 ; larg., 8 cent.

129 — *Le roi Louis XVIII.*

Statue demi-nature en bois sculpté.

130 — *Deux statuettes de saints.*

Bois sculpté du xviie siècle.

www.ingramcontent.com/pod-product-compliance
Ingram Content Group UK Ltd.
Pitfield, Milton Keynes, MK11 3LW, UK
UKHW031757170726
13836UKWH00003B/1029